Jumalan tunteminen ja rakastaminen

Jumalaan tutustuminen kaikkien uskontojen lapsille

TEHNYT THE SINCERE SEEKER **KIDS** COLLECTION

God

JUMALA ON YKSI & AINUT.
JUMALA ON MEIDÄN LUOJAMME.
JUMALA HALLITSEE JA HUOLEHTII SINUSTA, MINUSTA,
PERHEISTÄMME JA KAIKISTA MUISTA.
JUMALA ANTAA MEILLE RUOKAA JA MUKAVAN
LÄMPIMÄN SÄNGYN, JOSSA OLEMME TURVASSA JA
TERVEITÄ.

JUMALA ON KORKEALLA YLHÄÄLLÄ
TAIVAISSA.

JUMALA LOI SUURIA PLANEETTOJA JA PIENIÄ PLANEETTOJA.
JUMALA LOI MAAPALLON MEILLE ASUTTAVAKSI.
JUMALA LOI LOISTAVAT TÄHDET TUOMAAN MEILLE VALOA.
JUMALA LOI KOKO UNIVERSUMIN.

JUMALA LOI TÄYSIKUUN.

JUMALA LOI PEHMEÄT VALKOISET PILVET.
JUMALA TUO SATEEN MAAN RUOKKIMISEKSI JA PUHDISTAMISEKSI.
JUMALA TEKEE TUULEN, JOKA PUHALTAA ERI SUUNTIIN.
JUMALA SAA AURINGON PAISTAMAAN KIRKKAANA.

JUMALA LOI KYLMÄN VEDEN JA KUUMAN VEDEN.
JUMALA LOI kauniita sinisiä jokia.
JUMALA LOI SUURET AALTOILEVAT MERET.

JUMALA LOI SYVÄT PIMEÄT MERET.
JUMALA SAA AALLOT LIIKKUMAAN JA NOUSEMAAN.

JUMALA LOI *Korkeat* VUORET.
JUMALA LOI PIENET LUMISET VUORET.

JUMALA LOI BANAANIPUUT &
APPELSIINIPUUT MEILLE RUOAKSI.
JUMALA LOI KAUNIIT TUOKSUVAT KUKAT JA
ERILAISET VÄRIT MEIDÄN NAUTITTAVAKSI.

JUMALA LOI ILOISET PERHEET, JOIDEN KANSSA VOIMME VIETTÄÄ AIKAA.
JUMALA LOI RAKASTAVAT VANHEMMAT PITÄMÄÄN MEISTÄ HUOLTA JA RAKASTAMAAN MEITÄ, JA MEIDÄN ON OLTAVA HEILLE HYVIÄ.
JUMALA LOI HAUSKAT VELJET JA SISARET PITÄMÄÄN HUOLTA SINUSTA JA SINUN HEISTÄ.

JUMALA LOI SUURET ELÄIMET KUTEN ELEFANTIT
JA KARHUT JA
VIHREÄT ALLIGAATTORIT
TERÄVILLÄ HAMPAILLA.

JUMALA LOI PIENET ELÄIMET KUTEN
PIENEN LEPPÄKERTUN JA SURISEVAN AMPIAISEN.
JUMALA LOI HYPPIVÄT HEINÄSIRKAT,
PIENET MUURAHAISET, JA LENTÄVÄT SUDENKORENNOT.

JUMALA LOI RAVITSEVAN RUOAN AUTTAMAAN
KEHOAMME KASVAMAAN JA VAHVISTUMAAN.
JUMALA LOI MAUKKAAT JUOMAT, JOTKA SAMMUTTAVAT
JANOAMME.
JUMALA LOI VIOLETIT RYPÄLEET,
HERKULLISEN LEIVÄN, KELTAISEN JUUSTON,
MEHUKKAAN KANAN, JA HERKULLISET
PUNAISET OMENAT.

JUMALA ANTAA IHMISILLE ELÄMÄN LAHJAN
JA MONIA MUITA LAHJOJA.
JUMALA ANTOI MEILLE KODIN, JOSSA VOIMME ASUA,
AUTON, JOLLA VOIMME LIIKKUA
PAIKASTA TOISEEN, SUOSIKKI LELUMME,
JOILLA LEIKKIÄ,
MOLEMMAT KÄTEMME TEKEMÄÄN ASIOITA JA
MOLEMMAT JALKAMME KÄVELEMÄÄN,
SILMÄMME NÄKEMÄÄN, KORVAMME KUULEMAAN JA
SUUMME PUHUMAAN JA SYÖMÄÄN.

JUMALA NÄKEE JA TIETÄÄ
KAIKEN, MITÄ TAPAHTUU.
JUMALA KUULEE KAIKEN,
MITÄ SANOTAAN.

JUMALA ON TODELLA RAKASTAVA.
JUMALA RAKASTAA MEITÄ
TODELLA TODELLA PALJON.
JUMALA VÄLITTÄÄ MEISTÄ TODELLA TODELLA PALJON.
MEIDÄN TULEE RAKASTAA HÄNTÄ MYÖS.

KAIKKI HYVÄ TULEE JUMALAISTA
JUMALA ON VALO TAIVAALLA JA MAASSA.
JUMALA LAITTAA VALON IHMISTEN SYDÄMIIN.

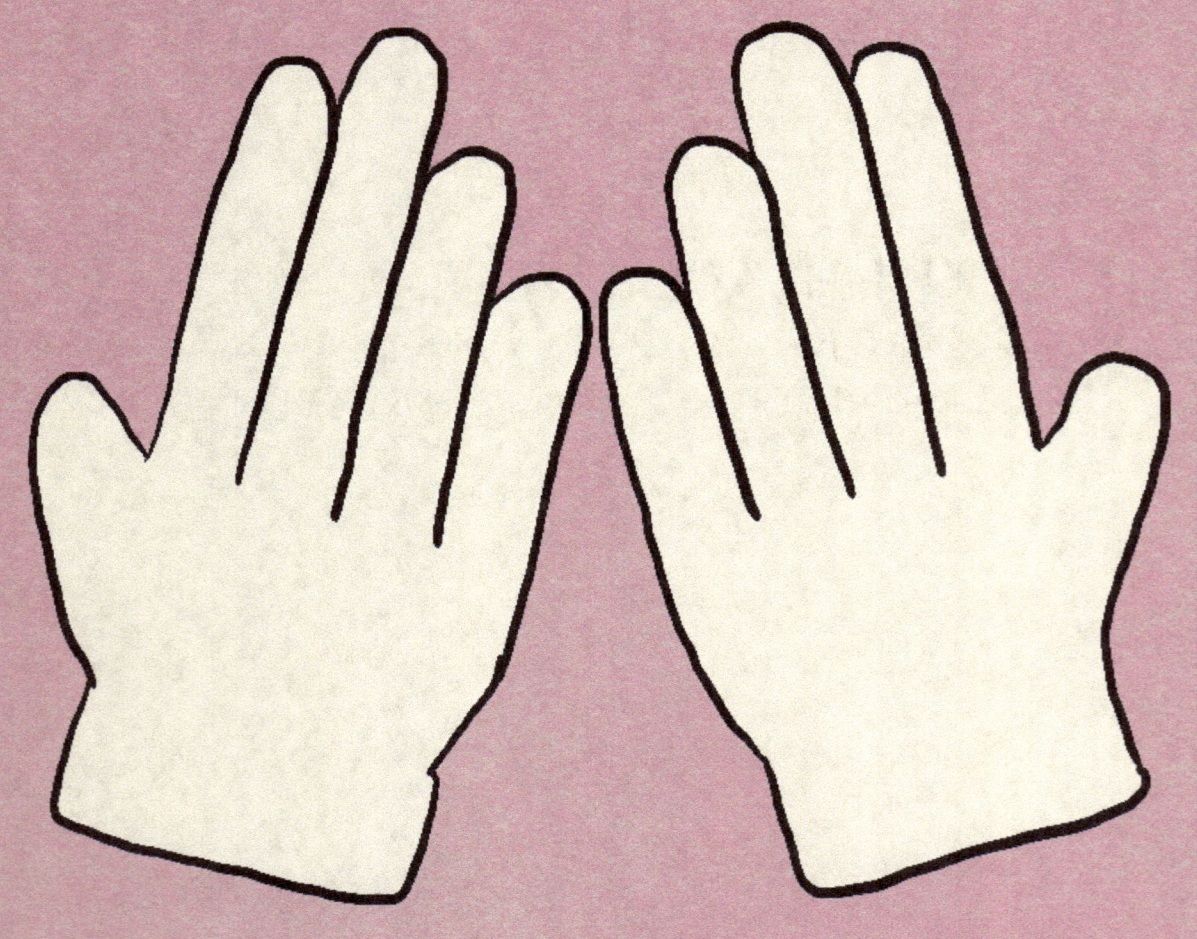

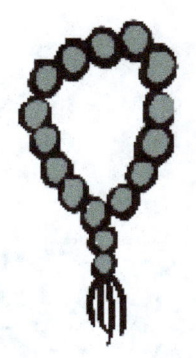

RUKOILEMME JUMALAIA, KOSKA JUMALA
LOI MEIDÄT & RAKASTAA MEITÄ.
JA ME RAKASTAMME JUMALAIA MYÖS.
JUMALA VASTAA RUKOUKSIIMME,
KUN PYYDÄMME HÄNELTÄ.
MEIDÄN TULEE AINA PUHUA
JUMALAILLE.

JUMALA ANTAA HYVILLE IHMISILLE
LAHJAKSI PARATIISIN, JOSSA VOI TEHDÄ
MITÄ HALUAA JA MISSÄ ASUA
ONNELLISESTI IKUISESTI.

LOPPU.